BEI GRIN MACHT SICH IHR WISSEN BEZAHLT

- Wir veröffentlichen Ihre Hausarbeit, Bachelor- und Masterarbeit

- Ihr eigenes eBook und Buch - weltweit in allen wichtigen Shops

- Verdienen Sie an jedem Verkauf

Jetzt bei www.GRIN.com hochladen und kostenlos publizieren

Bibliografische Information der Deutschen Nationalbibliothek:

Die Deutsche Bibliothek verzeichnet diese Publikation in der Deutschen National-bibliografie; detaillierte bibliografische Daten sind im Internet über http://dnb.d-nb.de/ abrufbar.

Impressum:

Copyright © 2017 GRIN Verlag
Druck und Bindung: Books on Demand GmbH, Norderstedt Germany
ISBN: 9783668678002

Dieses Buch bei GRIN:

https://www.grin.com/document/418822

Anonym

Die Ehe des Reformators Martin Luther mit Katharina von Bora

GRIN Verlag

GRIN - Your knowledge has value

Der GRIN Verlag publiziert seit 1998 wissenschaftliche Arbeiten von Studenten, Hochschullehrern und anderen Akademikern als eBook und gedrucktes Buch. Die Verlagswebsite www.grin.com ist die ideale Plattform zur Veröffentlichung von Hausarbeiten, Abschlussarbeiten, wissenschaftlichen Aufsätzen, Dissertationen und Fachbüchern.

Besuchen Sie uns im Internet:

http://www.grin.com/

http://www.facebook.com/grincom

http://www.twitter.com/grin_com

Inhaltsverzeichnis

1. Einleitung

Die vorliegende Arbeit beschäftigt sich mit der Ehe eines Reformators, der Ehe Luthers und Katharina von Boras. In diesen Tagen, genau vor 500 Jahren fand die Reformation statt. In vielerlei Hinsicht hat sich die Reformation auf die Welt ausgewirkt. Ich möchte eine Auswirkung herauskristallieren, und zwar die Auswirkung auf die Frauenrolle, am Beispiel von Katharina von Bora.

Der Schwerpunkt dieser Hausarbeit bildet die Aufarbeitung Katharina von Boras Leben und ihr Stellenwert in Luthers Leben. Nach dieser Einleitung möchte ich kurz einen Einblick in den Forschungsstand geben. Dabei werde ich den Fokus daraufsetzen, dass es keine Übereinstimmung über die Auswirkungen der Reformation auf die Frau gibt. Ich werde dabei verschiedene Standpunkte beleuchten. Dann werde ich kurz einleitend darstellen, wie das Frauenbild des Mittelalters war.

Im Anschluss daran werde ich im Hauptteil der Arbeit den Lebensweg von Katharina von Bora skizzieren. Dazu werde ich mir verschiedene Biografien Katharina von Boras zu Hilfe ziehen.

Außerdem werde ich die Frage klären, ob und wie weit Katharina von Bora der Reformation etwas beigetragen hat und was für eine Position sie in der Reformation hatte.

Schließlich werde ich als Kontext einige Aspekte von Luthers Sicht auf die Frau und die Ehe aufgreifen. Denn diese sind relevant, da es keine Selbstzeugnisse Katharinas gibt und wir nur die Sicht Luthers betrachten können. Danach werde ich im letzten Teil dieser Hausarbeit noch zwei andere Aspekte beleuchten. Ich werde darauf eingehen, wie Katharinas letzte Zeit als Witwe aussah. Schließlich möchte ich den Charakter und das Alltagsleben zusammenfassend darstellen.

Die Hausarbeit wird mit einem Fazit abgeschlossen, in dem nochmals dargestellt wird, welche Rolle Katharina von Bora in der Reformation hatte und in wie weit sich das Frauenbild mit der Reformation geändert hat.

2. Forschungsstand und Einblick in das Frauenbild des Mittelalters

„Frauen wurden in der Geschichtswissenschaft lange vernachlässigt. Nur einige wenige herausragende Herrscherinnen oder Autorinnen wurden untersucht. Dies liegt auch daran, dass nur wenige Selbstzeugnisse von Frauen erhalten sind."[1]

Für viele Frauen des Mittelalters würde diese Aussage stimmen. Doch für Katharina von Bora stimmt sie teilweise.

Katharina von Bora war keine Herrscherin, auch keine Autorin. Fest steht auch, dass nichts von ihr überliefert wurde. Trotzdem wurde und wird ihr Leben von vielen Forschern untersucht. Denn sie war neben dem Reformator Martin Luther eine interessante Figur. Auch wenn man keine Selbstzeugnisse von ihr hat, hat Luther über seine Ehefrau „Käthe"[2] sehr Vieles berichtet.

Im Kontrast dazu, wird in der Forschung darüber diskutiert, ob die Reformation den Frauen mehr Rechte gegeben hat als vorher. Also wird nicht nur über die Person der Katharina von Bora geforscht, sondern auch über mögliche Veränderungen des Eheverständnisses und des Weltbildes der Menschen.

In der Forschung ist man sich zwar nicht einig, ob die Reformation den Frauen mehr Rechte gegeben hat, jedoch ist die Mehrheit der Forscher der Auffassung, dass durch die Reformation, Frauen mehr Rechte bekommen haben.

Lyndal Roper sieht es nicht so. Ihre These lautet, dass die Auswirkungen der Reformation auf die Frau eine Fehldeutung, sei. Die Hinterlassenschaften der Reformation wären ambivalent.[3]

Andere Forscher haben eine positive Auffassung wie z.B. Roland H. Bainton. Bei seiner Lektüre erfährt der Leser, dass Katharina von Bora eine freche, dominante und sehr selbstbewusste Frau gewesen ist.

Außer den Historikern setzten sich Pädagogen, Autoren, Zeitungen und Theologen, wenn auch subjektiv, mit der Person Katharina von Bora, auseinander.[4]

---

[1] Carolin Mauz: Das Bild der Leonora von Portugal in der Historia austrialis des Aeneas Sylvius de Piccolomini. In: Bilder-Wahrnehmungen-Vorstellungen: Neue Forschungen zur Historiographie des hohen und späten Mittelalters. Sarnowsky, Jürgen [Hrsg.]. Göttingen. 2007. S. 141

[2] Käthe als Abkürzung für Katharina

[3] Roper, Lyndal. Das Fromme Haus : Frauen Und Moral in Der Reformation. The Holy Household <dt.>. Frankfurt [u.a.]: Campus-Verl., 1995. S. 7-9

[4] Siehe: 1. Haase, Lisbeth. Mutig und glaubensstark: Frauen und die Reformation. Leipzig: Evangel. Verl.-Anst., 2011. 2. Klepper, Jochen. Die Flucht Der Katharina Von Bora. 17. - 18. Tsd. ed. Stuttgart: Dt. Verl.-Anst., 1962. 3. Hermann, B. J. Katharina Lutherin Geb. Von Bora, Vom Teppich Meines Lebens: Eine Luther-Chronik. Jugenheim/Bergstr.: Koehler, 1960. 4. Heinsius, Maria. Das Unüberwindliche Wort: Frauen Der Reformationszeit. München: Kaiser, 1951.

Die Zeit berichtet über Katharina von Bora mit dem Untertitel: „Auch Katharina von Bora war eine Anführerin der Reformation. Deshalb darf Wittenberg ruhig ein bisschen weiblicher feiern.“[5]

Also gibt es im Allgemeinen ein positives Bild von Katharina von Bora. Sie wird in den Medien als eine starke und selbstbewusste Frau dargestellt.

Auch wenn man von der heutigen Perspektive eine Entwicklung der Frauenrolle in der mittelalterlichen Gesellschaft sehen kann, hatte der Großteil der Frauen kein Mitbestimmungsrecht. Wir hatten im Seminar viele Frauen thematisiert, deren Leben sich eigentlich sehr ähneln.

Frauen hatten zu heiraten, unabhängig von ihrem Alter. Die Heirat diente unter Anderem zu politischen Zwecken, wobei sie nicht gefragt wurde, ob sie heiraten möchte oder nicht. Meistens sollte das Mädchen im Kindesalter zur Machterweiterung ihres Mannes/ Vaters dienen. Sie hatte grundsätzlich kein Mitbestimmungsrecht. Oft wurde die Frau/ das Mädchen auch mit einem Mann verheiratet, welcher doppelt oder dreifach älter war als sie. Auch konnte die Braut in den meisten Fällen die Sprache ihres neuen Zuhauses nicht sprechen. Schließlich war sie dafür da, einen Thronfolger zu gebären. Automatisch rutscht man in eine anachronistische Betrachtungsweise, in dem man meint, dass es unmenschlich sei, dass ein Mädchen im Kindesalter zu heiraten hat. Jedoch war es zu dieser Zeit etwas Normales.

Nun wird eine Frau dargestellt, die nicht in den Rahmen der erwähnten Frauenbilder passt.

3. Lebensweg von Katharina von Bora

Ich werde Baintons Buch „Frauen der Reformation" als Folie nehmen und durch andere Sekundärliteratur ergänzen. Katharina von Bora wurde im Januar 1499 auf dem Rittergut in Lippendorf geboren. „Die Familie Bora, ein altes sächsisches Adelsgeschlecht slawischen Ursprungs, war wie viele Adlige zum Beginn der Neuzeit durch die Auflösung der Ritterschaften verarmt."[6] Katharina von Boras Mutter,

---

[5] http://www.zeit.de/2017/09/katharina-von-bora-martin-luther-ehefrau-reformation (zuletzt aufgerufen am 20.10.2017)

siehe auch: https://www.mdr.de/reformation500/katharina-von-bora-persoenlichkeiten-refjahr-100.html (zuletzt aufgerufen am 18.12.2017)

[6] Winter, Ingelore M. Katharina Von Bora: Ein Leben mit Martin Luther; Mit Briefen an die "liebe Herrin". Düsseldorf: Droste, 1990 S. 19

Katharina, starb früh und somit heiratete Katharinas Vater erneut. [7] Anscheinend waren die Mittel bei den Boras knapp um die zu Hause zu behalten und zu unterrichten. Mit zehn Jahren[8] kam sie ins Kloster Nimbschen (südl. von Grimma in Sachsen). „Verarmte Adlige gaben ihre Töchter gerne in ein Kloster, weil sie dort lebenslang versorgt wurden, auch bei Krankheit und in Notzeiten, und diese waren auch zu Beginn der Neuzeit nicht selten."[9] Man gab zu Zeiten Katharinas die Töchter aus finanzieller Not in die Klöster. Da sie arm waren, könnten die Mädchen nie heiraten. Katharinas Vater hat für den Eintritt in das Kloster dreißig Gulden bezahlt.[10]

Für Katharina gab es keine andere Wahl und sie ging ins Kloster ohne gefragt zu werden, ob sie es möchte oder nicht. Denn auch sie war zu „absolutem Gehorsam verpflichtet".[11] Also passt ihre Kindheit schon in den Rahmen der erwähnten Frauenbilder. Ob reich oder arm, ein Kind musste ihren Eltern gehorchen.

Die Klosterwelt war der kleinen Katharina nicht fremd, da sie seit ihrem 5. Lebensjahr nichts anderes kannte. [12] „Manch adliges Mädchen zog ein Leben im Kloster dem auf einer Burg oder dem elterlichen Gutshof vor. Das Kloster bot Schutz und Sicherheit vor Not und Krankheit, aber auch vor sündhafter Sexualität und frühem Tod bei vielen Geburten. Und sie konnten nicht gezwungen werden, einen ungeliebten Mann, den die Eltern für sie aus materiellen Gründen aussuchten, zu heiraten und jedes Jahr ein Kind zu gebären."[13] Hier kristallisiert sich der Wille der Frauen nach Autonomie heraus. Sie wollten anscheinend nicht mit jemandem für materielle Zwecke verheiratet werden. Dadurch begaben sich viele Mädchen freiwillig in Klöster.

Das Leben im Kloster war streng und geregelt, vom Morgengebet bis zum Nachtgebet. Es bestand aus Beten, Schweigen und Arbeiten.[14] Katharina legte im Jahre 1515 das Gelübde ab. [15] „Neben der Abtötung der Fleischeslust wurden im Kloster alle Laster wie Völlerei, Prahlerei, Neid, Geiz, Geldgier, Trägheit des Herzens, Stolz und Zorn, die sieben Todsünden, als besonders schwere Sünden betrachtet und mit Strafen belegt." [16] Außerdem durften die Nonnen nicht lachen. Destotrotz boten die Klöster im Mittelalter als auch in der Neuzeit den Frauen die Möglichkeit sich zu bilden. Somit wuchs

---

[7] Vgl. Winter. 1990. S. 19
[8] Die Jahresangabe ist in jeder Literatur unterschiedlich. Wann Katharina ins Kloster kam, ist unsicher.
[9] Winter. 1990. S. 20
[10] Vgl. Winter. 1990. 20
[11] Winter. 1990. S.21
[12] Vgl. Winter. 1990. S. 22-23
[13] Winter. 1990. S. 23
[14] Vgl. Winter. 1990. S. 24-25
[15] Vgl. Winter. 1990. S. 24-25
[16] Winter. 1990. S. 26

4

Katharina zu einer frommen und gebildeten jungen Frau heran. Sie verbrachte 14 Jahre im Kloster.

In den 1520er Jahren gelangten die Schriften Luthers auch in die Klöster. Neun Schwestern (darunter Katharina von Bora) wollten fliehen.

Sie schrieben dem Reformator Briefe und stellten ihre Situation dar. Luther riet ihnen ihre Eltern zu benachrichtigen, damit sie ihre Töchter wieder zu Hause aufnehmen. Die Eltern hatten sich dazu aber nicht bereit erklärt und Luther den Nonnen den Weg öffnen. Luther begann selbst, die Vorbereitungen dafür zu treffen. Er konnte es selber nicht durchziehen, bat seinen Freund Leonhard Koppe ihm dabei zu helfen, die Nonnen vom Kloster

unauffällig zu transportieren.[17] Die Flucht war den Nonnen strengstens verboten und die Hilfe zur Flucht ebenso.

Von Karsamstag auf Ostersonntag flohen die Schwestern und kamen am Dienstag, am 5. April 1523, nach Ostern in Wittenberg an. Luther fühlte sich für die entlaufenen Nonnen verantwortlich und brachte sie unter. Die Nonnen, als auch die Bevölkerung Torgaus, wollten die Nonnen in Torgau nicht weiter haben. Deshalb zogen sie weiter nach Wittenberg. In Witteberg angekommen hat man sich bemüht, möglichst jede Nonne zu verheiraten.

Katharina von Bora lebte zwei Jahre lang in einem Wittenberger Haushalt. Der König von Dänemark lebte einige Zeit in Wittenberg und schenkte Katharina von Bora einen goldenen Ring. Sie bekam auch die Aufmerksamkeit eines Patriziersohnes, Hieronymus Baumgärtner. Baumgärtner studierte zu dieser Zeit in Wittenberg. Sie war damals 24 und er 25 Jahre alt, er fuhr mit der Absicht nach Nürnberg zurück, sie so schnell wie möglich nachzuholen. Baumgärtners Familie widersetzte sich den Heiratsplänen. Denn Katharina hatte als eine entlaufene Nonne einen schlechten Ruf. Er heiratete eine Andere und Luther bot Katharina von Bora, Dr. Glatz den Universitätsrektor, zu heiraten. Sie wandte sich an Dr. Amsdorf an und bat ihn Luther wissen zu lassen, dass sie auf keinen Fall Dr. Glatz heiraten werde. Sie sei aber gerne bereit ihn, also Dr. Amsdorf oder Luther, als Ehemann in Betracht zu ziehen. Zu diesem Zeitpunkt war Luther 16 Jahre älter als sie. Luther entschloss sich nach reichlicher Überlegung zu heiraten, und er erhielt auch Käthes Zustimmung.

Die Verlobung fand am 13. 06. 1525 statt, die als offizielle Eheschließung galt, die öffentliche Feier fand zwei Wochen später statt, mit einem Zug durch die Straßen zu Pfeifenmusik, welches mit einem großen Festessen beendet wurde. „The match had

---

[17] Vgl. Winter. 1990. S. 28-29

been made somewhere along the way – and perhaps more by the choice of Katharina than Luther."[18] Obwohl Käthe keine Mittel zum Heiraten hat, Familie oder Mitgift, bestimmt sie ihren Ehemann selbst. Und deshalb würde ich auch Stjerna Recht geben. Die Heirat ist mehr Käthes Entscheidung, als Luthers. Sie ist ein Symbol für einen freien Menschen geworden, der über sein Leben selbst entscheidet.[19] Aus dieser ‚freien Entscheidung' kamen sechs Kinder auf die Welt, wovon nur vier das Erwachsenenalter erreichten.

Das Eheleben brachte viele Veränderungen mit sich, jedoch kennen wir nur die Sicht Luthers. Sie hatte viele Verpflichtungen, sie war Chefin eines Haushalts, eines Wohnheims und eines Hospitals. Luther und Käthe besaßen von ihrer Klosterzeit weder Geld noch Mitgift. Ihr war klar, dass sie womöglich irgendwann mit den Kindern allein dastehen würde, deshalb versuchte sie in Landbesitz zu investieren.

In den Tischreden Luthers kommt Käthe mehrmals zu Wort, sie konnte sich auf Lateinisch verständigen, da sie es im Kloster gelernt hatte. Ohne Käthe „würde es nicht Luthers berühmte Tischgespräche geben. Denn sie war es, die in dem Kloster, ihrem Wohnhaus, die Burse mit einem Mittagstisch für Professoren und Studenten einführte, bei dem Luther durch seine Gespräche über Gott, die Welt und die Liebe in ihrer Gegenwart glänzte."

Sie war Luther gegenüber respektvoll, sie sprach ihn mit „Herr Doctor" und der Höflichkeitsform „Euer/Ihr" an. Wie eine Schülerin nahm sie seinen Unterricht an und bat ihn, ihr dies und das zu erklären. Sie zögerte auch nicht Luther an ein oder anderer Stelle zurechtzuweisen.

Käthe sah eine Verringerung ihrer Einnahmen schon voraus. Nach dem Tod Luthers wollte Kanzler Brück, dass sich Käthe einschränkte, d.h. sie sollte ihre Söhne in eine Schule geben, das Geschäftliche abwickeln, das Kloster an den Kurfürsten zurückgeben und mit der Tochter bescheiden von der Rente des Kurfürsten leben. Sie wollte das Kloster behalten und an Studenten vermieten. Letztendlich kämpfte sie dafür und bekam es auch. Nach schweren Zeiten für die Protestanten und nach Epidemien, fuhr sie mit ihren Kindern nach Torgau und starb am 20.12.1552.

---

[18] Stjerna, Kirsi Irmeli. Women and the Reformation. Malden, Mass. [u.a.]: Blackwell, 2009. S. 56
[19] Winter. 1990. S.11

Käthe erscheint als eine Frau mit Charakter und Mut, mit einem starken Willen, liebevoll und entschlossen. Sie diskutierte mit ihrem Mann die Probleme der Reformation [20]

4. Auswirkungen der Reformation auf Leben und Stellung der Frau

An dem Beispiel von Katharina von Bora stellt man fest, dass eine Frau grundsätzlich auch zu Zeiten der Reformation, abhängig von ihrer Familie war. Außer wenn sie in einem Kloster lebt.

Als Katharina von Bora und die anderen Nonnen fliehen, haben sie keine Zukunftsperspektive. Die meisten Familien wollten die entflohenen Nonnen nicht wiederaufnehmen. Somit fühlte sich Martin Luther verantwortlich für die weitere Zukunft dieser Nonnen. Es hat sich auch schon die erste große Auswirkung der Reformation auf das Leben der Frau herauskristallisiert. Die Klöster wurden mehr und mehr aufgelöst. Denn das Verständnis der Ehe hat sich mit der Reformation geändert. Mönche und Nonnen konnten auch in einer Familie ihre Religion ausleben und in das Paradies gelangen. Im Vergleich zu vorher wurden die Ehen nun aus Liebe eingegangen. Ohne Käthe „würde es nicht Luthers berühmte Tischgespräche geben. Denn sie war es, die in dem Kloster, ihrem Wohnhaus, die Burse mit einem Mittagstisch für Professoren und Studenten einführte, bei dem Luther durch seine Gespräche über Gott, die Welt und die Liebe in ihrer Gegenwart glänzte."[21]

Die Reformation hat sich nicht nur einseitig ausgewirkt. Es scheint so, dass Luther auch produktiver wird. „Erst nach seiner Heirat vollendete Luther die Reform der christlichen Kirche, übersetzte er das Alte Testament und es erschien die erste Gesamtausgabe seiner Bibelübersetzung. Katharina brachte die fertigen Manuskriptseiten selbst zu dem damals bekannten Drucker Hans Lufft."[22] Hierbei sieht man auch das enge Vertrauensverhältnis der Eheleute zueinander. Käthe ist somit eine Art Assistentin Luthers.

„Durch den Aufbruch in eine neue Zeit, eine hellere Welt, veränderte sich auch die Stellung der Frau in der Gesellschaft. Die Frau war nun nicht mehr nur das „Lustobjekt" des Mannes, die Liebe bestimmte ihre Beziehung zum Manne und der Geschlechter, sie war eine zentrale Lebenserfahrung und stärkte das Selbstwertgefühl der Frau.

---

[20] Bainton, Roland Herbert. Frauen der Reformation: Von Katharina Von Bora Bis Anna Zwingli; 10 Porträts. Women of the Reformation in Germany and Italy <dt.>. Dt. Erstausg., 3., Durchges. Aufl. ed. Gütersloh: Gütersloher Verl.-Haus, 1996. S.17-36
[21] Winter. 1990. S. 15
[22] Winter. 1990. S. 15

Gesetzlich blieb die Frau zwar auch noch im 16. und 17. Jahrhundert ungeschützt und war finanziell vom Mann abhängig, aber Luther, war seiner Zeit voraus, sorgte für seine Frau über seinen Tod hinaus – gegen gesetzliche Bestimmungen."[23] Luther fand die Idee des Besitzes zwar zu Lebzeiten nicht vernünftig, aber er erfüllte seiner Käthe fast jeden Wunsch. Denn er war sich bewusst, dass sein Tod sehr nah ist. Nach seinem Tod müsste sich seine Familie in irgendeiner Weise versorgen, deshalb hat Luther zu seiner Frau gehalten.

Die ganze Arbeit, welches Käthe verrichtet, war keine Selbstverständlichkeit für eine Frau. Sie hatte vieles im Kloster gelernt. Sie konnte Bier brauen, Gemüse anpflanzen, Tiere halten und Arzneimittel aus Kräutern herstellen. „Das Klosterleben war streng geregelt, vom Morgengebet bis zum Nachtgebet. Die Nonnen im Kloster Marienthron waren, wie viele der Zisterzienserinnen, gebildete Frauen, sie konnten lesen und schreiben."[24] Da sie so gebildet war, war sie eine aktive Bibelleserin. Sie las die Bibel und Luther beachtete diese Eigenschaft seiner Käthe sehr. Wenn er nicht im Haus war, war Käthe die Lehrerin im Haus.

Als Fazit dieses Kapitels kann man sagen, dass durch die Reformation ein Wandel stattgefunden hat. Man war nicht mehr Nonne oder Ehefrau, die Frauen sollten sich nicht mehr für das eine oder das Andere entscheiden. Eine Frau, wie Katharina von Bora, konnte verheiratet sein und sich auch mit der Bibel gründlich auseinandersetzen. Die Ehe war eine „von Gott gestiftete Institution" und somit konnten die frommen Frauen aufatmen, ohne Gewissensbisse zu haben.

Des Weiteren war Sexualität für einen ehemaligen Mönch und Nonne nicht mehr sündhaft. Sie mussten sich nicht mehr schlecht und sündhaft fühlen. Eine weitere Erneuerung war, dass Ehemann und Ehefrau sich lieben sollten. Somit sollten Ehen nicht wegen finanziellen oder politischen Gründen geschlossen werden.[25]

Schließlich war die Bibelübersetzung ins Deutsche bahnbrechend. Es haben sich sehr viele Wege, für Laien und Frauen, geöffnet. Auch wenn eine Frau oder ein Laie kein Latein, Hebräisch oder überhaupt lesen konnte, konnte er/sie sich mit der Bibel nun auseinandersetzen. Es lag also von Beginn an das Potential einer wirklichen Emanzipation und Partizipation von Frauen innerhalb der evangelischen Kirche.[26]

---

[23] Winter. 1990. S. 16
[24] Winter. 2010. S. 25
[25] Vgl. Haase. 2011. S. 146
[26] Vgl. Haase. 2011. S. 148

4.1. Luther und die Ehe

„Dabei war, jedenfalls für die Altgläubigen, schon die Tatsache selbst skandalös genug: Der Mönch wurde Ehemann. Diesen Schritt hatten schon andere im reformatorischen Lager vollzogen, Luther hatte ihn bislang vermieden. [...] Dass er selbst den Schritt in die Ehe nicht ging, hatte wohl mit einer pessimistischen Einschätzung seiner gesamten Lebenssituation zu tun – er war immerhin Gebannter und Geächteter, einer, der ebenso in der Gefahr der rechtlichen Verfolgung stand wie in der, umgebracht zu werden."[27]

Das ein Mönch und eine entlaufene Nonne heirateten, war ein Skandal. Es war für Luther keine leichte Entscheidung, erst gar nicht eine Entscheidung aus Leidenschaft, sondern eine Entscheidung aus reichlichen Überlegungen.[28] Er hatte sich anfangs gegen ein Jura-Studium entschieden und wurde Mönch. Nach seinem Studium der Theologie hatte sein Vater keine Hoffnung mehr auf eine Heirat Luthers. Martin war der letzte überlebende Sohn der Luthers. Er predigte für die Ehe und kritisierte die Ehelosigkeit. Dabei „pries er das Glück und den Segen des ehelichen Standes und daß die Ehe allen Menschen von Gott eingesetzt sei; immer eindringlicher warnte er vor den Gefahren der erzwungenen Ehelosigkeit."[29] Sein Umfeld und sein Vater drängten ihn zur Heirat. Obwohl er über die Ehe predigte, hatte er selber nicht an sie gedacht. Dass er auf Wunsch mit Katharina von Bora plötzlich heiratet, hätte keiner bis dahin gedacht. „Er hatte es also als eine Notwendigkeit betrachtet, ja als seine Pflicht, seine Lehre durch sein Beispiel zu bekräftigen."[30]

Er hatte sich schnell in die Rolle des Ehemanns eingefunden. Nach einem Jahr bezeichnet er sich in einem Brief als den „glücklichsten Ehemann" und Käthe als „die beste Frau".[31]

In einem anderen Brief bekannte er: „Ich wollte meine Käthe nicht um Frankreich und um Venedig dazu hergeben, erstens darum, weil Gott sie mir geschenkt und mich ihr gegeben hat; zweitens, weil ich oft erfahre, dass andere Frauen mehr Fehler haben als meine Käthe; drittens, weil sie den Glauben des Ehestandes, das ist Treue und Ehre, wahrt."[32] Man kann an diesem Beispiel sehen, wie sehr Luther seine Frau in der kurzen

---

[27] Leppin, Volker. Martin Luther: Vom Mönch Zum Feind des Papstes. 2. Aufl. ed. Darmstadt: Lambert Schneider, 2015. S.86

[28] Vgl. Kroker, Ernst. Katharina von Bora. Martin Luthers Frau. Ein Lebens – und Charakterbild. 13. Auflage. Evangelische Verlagsanstalt. Berlin. 1974. S. 67

[29] Vgl. Kroker. 1974. S. 68

[30] Kroker. 1974. S. 68

[31] Weigelt. 2011. S. 74

[32] Weigelt. 2011. S. 74

Zeit lieb gewonnen hat und mit ihr prahlt. Er erkannte auch die praktischen Seiten des Ehelebens. Sein Bett wurde täglich gemacht.[33]

Wer nicht heiratete, verfällt nach Meinung Luthers der geschlechtlichen Zuchtlosigkeit.[34]

Schließlich half seine Käthe ihm bei seinen Krankheiten und seinen Depressionen. Dieses Kapitel kann man mit dem folgenden Zitat zusammenfassen: „Bist du an ein Weib gebunden, so bist du nicht mehr ein freier Herr. Gott zwinget und heist dich bey Weib und Kind bleiben, sie neren und zihen."[35]

Also war die Ehe für Luther vor Gott und Gesetz beschlossen, damit unauflöslich.[36]

4.2. Luthers Sicht auf die Frau

Martin Luther war die „prägende und wirkungsmächtige Gestalt" der Reformation.[37] Durch sein Prinzip der „sola scriptura" gelangte er zu neuen Wertungen in Bezug auf seine Sicht der Frau.[38]

In seinem Buch „Vom ehelichen Leben" stellt Luther Mann und Frau gleich. Da auch die Frau ein Ebenbild Gottes ist, soll sie gut behandelt werden. In Betracht der Bibel, sollen Mann und Frau sich vermehren und die Kinder im Namen Gottes erziehen.

Frauen und Kinder sind Kreaturen Gottes und deshalb soll der Mann „das Kind in den Armen wiegen, die Windeln waschen und für die Mutter sorgen".[39]

Durch die Ehe soll Unkeuschheit vermieden werden, die Frau darf nicht verhüten, da sie fruchtbar sein muss um Nachkommen zu erzeugen. Für Luther ist die leibliche Freude aneinander durch eine bewusst gelebte Sexualität auch wichtig.[40]

Obwohl die Ehe ein weltliches 'Geschäft' ist, hat sie dennoch „Gotts Wort für sich und ist nicht von Menschen erdichtet oder gestiftet."[41]

Auf der einen Seite stellt Luther eindeutig Mann und Frau gleich, da Gott Mann und Frau gleichgestellt erschaffen hat. Auf der anderen Seite betont er, dass die Frauen „Unterthan" sein sollen.[42] Somit wird nochmal verdeutlicht, dass der Mann eine

---

[33]Vgl. Weigelt. 2011. S. 74
[34] Vgl. Winter. 1990. S. 87
[35]Winter. 1990. S. 86
[36]Vgl. Winter. 1990. S. 86
[37] Domröse, Sonja. Frauen Der Reformationszeit : Gelehrt, Mutig Und Glaubensfest. Göttingen: Vandenhoeck & Ruprecht, 2010. S. 133
[38]Vgl. Domröse. 2010. S. 133
[39]Vgl. Domröse. 2010. S. 134
[40]Vgl. Domröse. 2010. S. 135
[41]Domröse. 2010. S. 136
[42] Vgl. Domröse. 2010. S. 136

übergeordnete Position hat. Luther bezeichnet die Frauen außerdem als „Nest" und „Haus", denn die Männer würden durch sie erbaut werden.[43]

Auch Luther setzt sich mit Aristoteles' Aussage auseinander, dass Frauen unvollständige Männer seien. Luther setzt sich dagegen ein. Die Frau hätte auch Hoffnung auf die Gnade Gottes und auf das ewige Leben. Trotzdem vertritt Luther die Auffassung, dass die Frau ein schwächeres Geschlecht sei. [44]

Man kann mittlerweile eine Paradoxie in Luthers Aussagen feststellen. Zudem bestärkt er dies damit, dass er bei seinen Tischreden auch frauenfeindliche Äußerungen hervorgebracht hat.

Auf der einen Seite seien Frauen mit Männern gleichgestellt, da sie auch das Ebenbild Gottes sind. Auf der anderen Seite sollen sich Frauen nur um den Haushalt kümmern und nicht über ihren Bereich hinaus mitreden wollen. [45] „Die Frau ist ausgeschlossen von der Leitung im politischen Regiment und in der Kirche, ihr kommt die Leitung allein im dritten Stand, dem Hausstand, zu."[46]

Auch heute sieht man noch eine vorgeschriebene Frauenquote in allen Bereichen. Es ist auch eindeutig, dass heute eher die Männer in Top-Positionen arbeiten. Deshalb wäre es naiv zu erwarten, dass die Reformation eine revolutionäre Veränderung direkt mit sich bringt, in Bezug auf die Stellung der Frau.

Außerdem wirkt Luther sympathisch, wenn er seiner Ehefrau Briefe schreibt, in der er sie lobt. Insgesamt sind 21 Briefe Luthers an Käthe überliefert, aber keins von Käthe an Luther.[47]

Da Luther viel unterwegs war, musste Käthe seine Aufgaben übernehmen. Dies lobte Luther in dem er sie „Herrn Katharina", „Richterin" und „tiefgelehrter Frau" nannte. Er bezeichnet sie auch als sein „Wittenberger Morgenstern" und „meine Rippe".

Ihr Spitzname „Morgenstern" war weit verbreitet, weil Käthe im Sommer jeden Morgen um vier Uhr und im Winter um fünf Uhr aufstand.[48] Es zeigt eine hohe Wertschätzung von Seiten Luthers.

Zusammenfassend lässt sich sagen, dass alle Christen nach Luthers Auffassung gleichberechtigt sind. Jeder soll Verantwortung für die Kirche übernehmen, die Bibel lesen und auslegen. Deshalb haben viele Frauen ihre Stimme für die Reformation

---

[43] Vgl. Domröse. 2010. S. 139
[44] Vgl. Domröse. 2010. S. 140
[45] Vgl. Domröse. 2010. S. 140-141
[46] Domröse. 2010. S. 141
[47] Vgl. Domröse. 2010. S. 141
[48] Vgl. Haase. 2011. S. 56

erhoben, denn sie fühlten sich ermutigt, als Laien und als Frauen ihre theologischen Erkenntnisse öffentlich zu machen. [49]

„Ein Weib ist ein freundlicher, holdseliger und kurzweiliger Geselle des Lebens. Weiber tragen Kinder und ziehen sie auf, regieren das Haus und teilen ordentlich aus, was ein Mann hinein schaffet und erwirbt… Sie sind geneigt zur Barmherzigkeit, denn sie sind von Gott dazu auch fürnehmlich geschaffen, dass sie sollen Kinder tragen, der Männer Lust und Freude sein.“[50] Dieses Zitat ist eine gute Zusammenfassung davon, wie die Sicht Luthers auf die Frauenrolle war. Die Frau sollte Kinder gebären, den Haushalt machen und dem Mann unterwürfig sein.

5. Die Reaktionen der Zeitgenossen auf die Ehe Katharina von Boras mit Martin Luther

Auf der einen Seite gab es Luthers Vater, sein größter Befürworter für die Ehe. Mit hoher Wahrscheinlichkeit war er viel glücklicher als das Brautpaar. Er war bestürzt als sein Sohn sich gegen ein Jurastudium und für das Mönchsein entschied. Anders sah es auf der Seite der Gegner Luthers an.

Luthers Gegner sahen in der Eheschließung einen weiteren Beweis dafür, dass Luther sich bewusst gegen die katholische Kirche und den Papst auflehnte. Nicht nur Gegner, auch einige Freunde zeigten sich über die Ehe tief besorgt. [51] Luthers Freund, Hieronymus Schurff, sagte: „Wenn dieser Mönch ein Weib nimmt, wird alle Welt und der Teufel selbst lachen und dieser wird sein ganzes bisheriges Werk zunichte machen.“ [52]

Juristen und Gelehrte kommentierten auch die Ehe Luthers. In reformatorischen Kreisen hätten die Menschen schon Verständnis, dass die Priester heiraten. Dass aber Luther eine ehemalige Nonne heirate, wäre unverständlich. [53]

Frauen, die einen Priester geheiratet hatten, wurden von den Luther-Gegnern öffentlich als Huren bezeichnet. [54] Ein Student der Wittenberger Universität, verfasste eine Schandschrift, die gegen die Ehe der Luthers gerichtet war. In dem heißt es: „Wenn deine Zunge einmal ein Weilchen von Schmähen wird, Und deine Mannheit sich grad'

---

[49]Vgl. Domröse. 2010. S. 144
[50] Weigelt, Sylvia. "Der Männer Lust Und Freude Sein": Frauen Um Luther. 1. Aufl. ed. Weimar; Eisenach: Wartburg-Verl., 2011. S. 7
[51] Vgl. Winter. 1990. S. 42
[52] Winter. 1990. S. 42
[53] Vgl. Winter. 1990. S. 86
[54] Vgl. Winter. 1990. S. 88

nicht mit Weibern beschäftigt, So empfang mit unfreudiger Miene bitte diese meine Geschichte [...]" [55] Hier wirft der junge Student Luther vor, sich mit Weibern zu beschäftigen.

Darüber hinaus wird auch Katharina beschuldigt, ein Liebesverhältnis mit Valens von Bibra gehabt zu haben. [56] Luther und Katharina sind über diese Beschuldigungen zutiefst betroffen und beschuldigten unter anderem den Professor des Studenten, Melanchton.

Zu dieser Begebenheit äußerte sich auch Lessing. Er verstand aber nicht recht, wieso Luther diesen Studenten ernst nimmt. Er verfasst mehrere Briefe und nimmt Katharina unter Schutz. „Wären alle Beschuldigungen wahr, welche seine Feinde über Catharina von Bora machen, so müßte die Liebe über Luther allzu viele und allzu schimpfliche Macht gehabt haben, wann er das lüderlichste Weibsbild so zärtlich geliebt hätte, als er in der Tat seine Frau geliebt hat. [...] Wegen ihrer Herrschsucht ist ihr Gedächtnis am meisten angefeindet worden." [57] Auch Lessing stellt den Charakter Katharinas nicht in Frage, Katharina war anders, aber hier wird die Liebe Luthers zu ihr thematisiert. Der Verfasser der Schmähschrift wurde durch Luther als Konsequenz aus der Universität verwiesen.

Auch Christian Wilhelm Walch, ein Anhänger Luthers, war über die Beschuldigungen empört und nahm Katharina unter Schutz. Er veröffentlichte ein Buch mit dem Titel „Weltweisheit außerordentlichem Professor auf der Universität zu Jena". „Mit seinem Buch wollte Walch das Andenken der rechtschaffenen Frau retten."[58] Er ging in seinem Buch auf den Lebensweg der Katharina ein, worin er ihre adlige Herkunft verdeutlicht. Walch schrieb sein Buch als eine Gegenschrift zu R.B. Eusebio Engelhards Schrift gegen Katharina worin sie als „Lucifer Wittenberg [...]" betitelt wird.

Als Katharina schwanger wurde, folgten auch schon Gerüchte. Das Kind einer entlaufenen Nonne und eines ehemaligen Mönchs müsste ein zweiköpfiges Monster sein. [59] Jedoch kam es nicht so. Katharina gebar sechs Kinder.

Katharina war in Wittenberg eine angesehene Person, aber nicht von allen beliebt. Das Gründen einer Familie brachte Luther dem Volke näher.[60]

---

[55] Winter. 1990. S.89
[56] Vgl. Winter. 1990. S. 91-92
[57] Winter. 1990. S. 92
[58] Winter. 1990. S.93
[59] Vgl. Winter. 1990. S 116-117
[60] Vgl. Winter. 1990. S. 99

6. Der Tod Luthers und das Leben Katharinas als Witwe

Dreizehn Jahre waren Luther und Katharina verheiratet. Sie hatten in einer unruhigen Zeit geheiratet, zu Zeiten der Bauerkriege. Für Katharina gab ihr die Ehe mehr Sicherheit, als ein Klosterleben. Trotzdem war vor allem das Eheleben der Luthers durch Unsicherheit geprägt.

Luther lebte sein ganzes Leben mit dem Todesgedanken. Er wurde exkommuniziert und war ein Kandidat für den Scheiterhaufen. Er wäre nicht der erste. Vor ihm wurde der Vorreformator Jan Hus im Scheiterhaufen verbrannt. „Herren, Pfaffen, Bauern – alles gegen mich und drohen mir den Tod an."[61]

Auch im Zusammenhang mit diesen Gedanken, war er anfangs gegen eine Ehe, obwohl er die gegen die Ehelosigkeit predigte.

Seine Käthe sah den Tatsachen ins Auge und wollte ihn trotzdem heiraten. Sie versorgte ihn, kümmerte sich um seine psychische und physische Auffassung. Auch wenn er befürchtet hat, nach der Heirat nur noch ein Jahr zu leben, hat er dank seiner Käthe länger gelebt. Katharina war eine selbstbewusste Frau und wusste was auf sie zukommen könnte. Denn eine Frau war nach dem Tod ihres Mannes nicht abgesichert. Es würde kein Witwengeld geben und sie könnte nicht von ihrem Mann erben. Nach vielen Streitigkeiten und Diskussionen schenkte Luther seiner Katharina das Gut Zulsdorf. „Luther hat in seinem Testament das Gut Zulsdorf Katharina als ‚Wittum' vermacht.[62]

Am 18.02.1546 starb Luther in Eisleben. Er hatte in seinem Testament festgehalten, dass Katharina sein Erbe sein wird.[63]

Jedoch war dieses Testament nicht vom Fürsten und auch nicht vom Notar bestätigt und für Katharina war kein Vormund bestimmt worden. Somit ist das Testament nach dem damaligen sächsischen Recht nicht gültig.

Es wurde auch versucht, die Kinder zu nehmen und nicht bei Katharina zu lassen. Glücklicherweise stand der Kurfürst auf Katharinas Seite und sie durfte ihre Kinder behalten und erziehen.

Nach Luthers Tod brach der Schmalkaldische Krieg aus. Katharina flüchtete mit ihren Kindern nach Magdeburg und kehrte im November wieder nach Wittenberg zurück. Im Januar 1547 musste die erneut nach Magdeburg fliehen. Sie hatte vor nach Dänemark zu

---

[61] Winter. 1990. S. 95
[62] Winter. 1990. S. 127
[63] Vgl. Winter. 1990. S. 146

gehen, zu König Christian III. [64] Ihr wurde auf halbem Weg davon abgeraten und sie kehrte nach Wittenberg, zum schwarzen Kloster, zurück. Als auch in Wittenberg erneut die Pest ausbrach, entschied sich Katharina nach Torgau zu gehen. Auf dem Weg stürzte sich vom Pferdewagen, welches ihr einen großen körperlichen Schaden zugefügt hatte. Sie starb am 20. Dezember 1552 in Torgau.

7. Morgenstern von Wittenberg- Alltag und Charakter Katharinas

Im vorletzten Kapitel meiner Arbeit möchte ich den Charakter Katharinas zusammenfassend darstellen, da sie den Fokus dieser Arbeit bildet.

Ihr Leben bestand nach der Ehe aus den drei K's: Kinder, Küche und Kirche. [65] Wie mehrfach erwähnt, gebar sie sechs Kinder. Vier von den Kindern erreichten das Erwachsenenalter.

Katharina war eine tüchtige Hausfrau und eine gute Köchin. Man merkt es an den Bildern Luthers. Nach der Ehe sieht man auf den Porträts ein Doppelkinn.

Sie kümmerte sich mit Haus und Garten, mit Küche und Keller. Sie war Ehefrau, Mutter, Schwester, Krankenschwester, Lehrerin, Köchin, ‚Innenarchitektin', Finanzverwalterin, Gärtnerin, Bierbrauerin, Bäuerin, Seelsorgerin, Freundin, usw.

Sie bekam den Namen ‚Morgenstern', weil sie immer früh aufstand. Diese Gewohnheit behielt sie vom Klosterleben.

Auch wenn es an Ehekrach nicht mangelte, war Luther von seiner Käthe zufrieden. Sie heilte seine Krankheiten und blieb den Mitmenschen in Zeiten der Pest bei Seite. Außerdem richtete sie das Kloster als eine bewohnbare Wohnung ein, weshalb ich die auch als Innenarchitektin bezeichnet habe. Sie kümmerte sich um die Kranken der Pest und stellte ihnen Medizin aus Kräutern und Pulver für innere Krankheiten her. [66]

Des Weiteren war Katharina eine begabte Rednerin und wie oft betont eine gebildete Frau. [67]

Sowohl Luther als auch Katharina hatten keine materiellen Wünsche. Jedoch musste Katharina sich auch um Eingaben und Ausgaben kümmern. Luther spendete lieber die Eingaben an Bedürftige. Katharina setzte sich auch in dieser Angelegenheit durch.

---

[64] Vgl. Winter. 1990. S. 149-150
[65] Vgl. Winter. 1990. S. 115
[66] Vgl. Winter. 1990. S. 121
[67] Vgl. Winter. 1990. S. 122

Sie war wie erwähnt eine Adlige. Deshalb kleidete sie sich auch gerne wie eine Adlige. Sie trug Kleider aus teurem und buntem Stoff, gerne mit Pelz und Schmuck. Ihr Haarnetz mit Gold und Perlen trug sie auch immer.

Von nun an wurde die Frau nicht als eine Hexe oder Sünderin betrachtet. Ihr Status wurde erhoben. Sie wurde nun „Morgenstern" genannt, welches die Steigerung des Ansehens der Frau symbolisiert.

Sie war Luthers ‚Herrin', ‚Doctorin' und ‚Domina'. [68] „ […] sie wurde zum Symbol für die Befreiung der Frauen aus der >Knechtschaft< des Mannes."[69]

8. Fazit

„Wenn das weibliche Geschlecht anfängt, die christliche Lehre aufzunehmen, dann ist es viel eifriger als Männer."[70] Hier wird einer der größten Erneuerungen der Reformation deutlich, worauf ich später eingehen werde.

Die erste Problematik dieser Arbeit besteht darin, dass es keine Selbstzeugnisse von Katharina gibt. Somit muss man sich auf Luthers Aussagen beschränken und den Aussagen glauben. Dies ist oft schwierig, weil er sich oft widerspricht.

Im Hauptteil wurden verschiedene Positionen zu der Frauenrolle in der Reformation dargestellt. Das eine Lager ist der Auffassung, dass Katharina von Bora das Symbol für das neue Frauenbild der Reformation ist.

Das andere Lager vertritt die Auffassung, dass es eigentlich nur den Anschein hat, dass die Reformation den Frauen Freiheiten gewähren würde, auf Basis der Religion. Dieses ambivalente Bild spiegelt sich in den Aussagen Luthers wider.

Mann und Frau sind gleichgestellt, sagte Luther. Jedoch sind in der Praxis Frauen nicht gleichgestellt.

Das Besondere bei Katharina von Bora sind die Schritte vor der Ehe. Die Schritte nach der Ehe sind teilweise besonders.

Besonders für sie ist, dass sie intellektuell ist. Sie kann lesen und schreiben. Außerdem bestimmt sie über ihr Leben selber. Sie hat sich die Schriften Luthers durchgelesen, was man annimmt, und hat beschlossen nicht ihr ganzes Leben im Kloster verbringen zu wollen.

---

[68] Vgl. Winter. 1990. S. 122
[69] Winter. 1990. S. 123
[70] Haase. 2011. S. 56

16

Da nun mal eine Frau auf die Familie oder auf einen Mann angewiesen ist, musste Katharina von Bora heiraten. Auch hier kommt ihre Besonderheit zum Vorschein. Sie heiratet jemanden denn sie selber auswählt. Somit entscheidet eine Frau, mit wem sie heiraten möchte. Obwohl Luther anfangs nicht für eine Heirat war, hat er sich nach langen Überlegungen für eine Heirat entschieden. Diese Entscheidung hat er nie bereut.

Es ist, aus heutiger Perspektive, nichts Besonderes aus Liebe zu heiraten. Wir wissen nur, dass Käthe als entlaufene Nonne einen ehemaligen Mönch geheiratet hat. Wir wissen aber nicht, was Katharina von Bora gedacht und gefühlt hat, als sie diesen Schritt wagte.

Ein weiterer Aspekt der Frauenrolle der Reformation ist, dass sich die Frau nicht mehr für eine Rolle entscheiden muss. Sie muss nicht entweder Nonne oder Ehefrau sein. Die Nonne genoss eine große gesellschaftliche Anerkennung, obwohl sie von der Gesellschaft isoliert lebte.

Nun mit der Reformation kann die Frau sowohl eine Familie haben, ohne Gewissensbisse zu haben. Sie kann dabei auf die Gnade Gottes und auf das ewige Leben hoffen.

Luther schrieb den Frauen eine wichtige Rolle zu. Er gab ihnen auch eine Zukunftsperspektive in Hinblick auf das Jenseits.

Wie in der eingangs zitierten Aussage, kann eine Frau viel mehr bewirken als vor der Reformation.

Obwohl die Frau viele Pflichten im Eheleben hat und ihrem Ehemann unterwürfig sein muss, kann sie, meiner Meinung nach nicht mit der vorherigen Situation verglichen werden. Somit hat Katharina von Bora einen großen Stellenwert in der Reformation.

9. Literaturverzeichnis

Bainton, Roland Herbert. Frauen Der Reformation: Von Katharina Von Bora Bis Anna Zwingli; 10 Porträts. Women of the Reformation in Germany and Italy <dt.>. Dt. Erstausg., 3., Durchges. Aufl. ed. Gütersloh: Gütersloher Verl.-Haus, 1996.

Carolin Mauz: Das Bild der Leonora von Portugal in der Historia austrialis des Aeneas Sylvius de Piccolomini. In: Bilder-Wahrnehmungen-Vorstellungen: Neue Forschungen zur Historiographie des hohen und späten Mittelalters. Sarnowsky, Jürgen [Hrsg.]. Göttingen. 2007.

Domröse, Sonja. Frauen Der Reformationszeit: Gelehrt, Mutig und Glaubensfest. Göttingen: Vandenhoeck & Ruprecht, 2010.

Haase, Lisbeth. Mutig Und Glaubensstark: Frauen Und Die Reformation. Leipzig: Evangel. Verl.-Anst., 2011.

Kroker, Ernst. Katharina von Bora. Martin Luthers Frau. Ein Lebens- und Charakterbild. 13. Aufl. Evangelische Verlagsanstalt. Berlin. 1974

Leppin, Volker. Martin Luther: Vom Mönch Zum Feind des Papstes. 2. Aufl. ed. Darmstadt: Lambert Schneider, 2015.

Stjerna, Kirsi Irmeli. Women and the Reformation. Malden, Mass. [u.a.]: Blackwell, 2009.

Weigelt, Sylvia. "Der Männer Lust Und Freude Sein": Frauen Um Luther. 1. Aufl. ed. Weimar; Eisenach: Wartburg-Verl., 2011.

Winter, Ingelore. Katharina Von Bora: Ein Leben mit Martin Luther; Mit Briefen an Die "liebe Herrin". Düsseldorf. 1990.

Internetquelle:

http://www.zeit.de/2017/09/katharina-von-bora-martin-luther-ehefrau-reformation (zuletzt aufgerufen am 20.10.2017)

https://www.mdr.de/reformation500/katharina-von-bora-persoenlichkeiten-refjahr-100.html
(zuletzt aufgerufen am 18.12.2017)